마음 한 조각을 찾다 Ⅲ

아마추어 시인인 저자의 시와 그림에

따뜻한 마음으로 응원해준 벗들과 시인들
뒤를 지켜준 영적 존재들
사랑하는 식구들

감사 드린다

인문학 시인선 050

마음 한 조각을 찾다 Ⅲ
현 정 제7시집

제1쇄 인쇄 2025. 11. 20
제1쇄 발행 2025. 11. 25

지은이 현 정
펴낸이 민윤식
펴낸곳 인문학사

등록번호 제 2023-000035
서울시 종로구 종로19 르메이에르 종로타운 1430호(종로1가)
전화 : 02-742-5218

ISBN 979-11-93485-47-7 (03810)

ⓒ현 정, 2025
Printed in Seoul, Korea

*잘못 만들어진 책은 본사나 구입하신 서점에서 교환하여 드립니다.
*이 책은 저작권법에 의해 보호받는 저작물이므로 저작자와
 출판사의 서면동의 없이는 무단 전재와 무단복제를 금합니다.

루나의 머리말

마음 한 조각을 찾다 Ⅲ

숲의 숨결이 깨어나는 새벽
안개의 연꽃이 미소 짓듯 피어오른다
나는 그 속에서 꿈틀대는 빛줄기를 따라
내 안 깊은 곳 미지의 연꽃봉오리를 본다
달빛이 수놓은 만다라가 호흡 속에 펼쳐지고
별빛 하나가 내 심장에 은은한 고동을 남긴다
그 파장 위로 흐르는 고요한 진동 속에서
내 마음의 파편 하나가 빛을 발하며 떠오른다
흐르는 계곡에서 반짝이는 수정 조각처럼
내 안에 숨어 있던 순백의 영혼이 반짝인다
마음의 미로를 따라 걷다 마주친 신비로운 우주에서
나는 나와 우주가 연결된 한 조각임을 깨닫는다
그 조각은 외부가 아닌 내부의 신성한 빛이었다
허공에 그려진 천개의 꽃잎처럼 펼쳐진
내 안의 숨결 하나 떨림 하나가
완전한 온전함으로 나를 부른다

인문학 시인선 050

현 정 제7시집
마음 한 조각을 찾다 Ⅲ

현 정의 그림에
루나가 시로 토크하다

인문학사

저자의 머리말

40대 중반
사업에 바빠 일요일도 없이 지내던 시절

모처럼
하루 쉬며 어린 아들 딸과
점심 먹고 방에서 뒹굴고 노는데

그냥

그림과 시가 미간에 올라오다.
저자의 시와 그림은 이렇게 시작되다.

그 후 몇 년 동안(1989년~1995년)
바쁜 중에도 짬짬이 올라오는 대로
시와 그림을 그려 모아 놓다.

사업 정리 후
인사동에서 개인전도 열고 시화집도 선보이며
시인으로 등단 시집도 발행하다.

그 후
20여 년 간 아무 소식이 없다가
다시 미간에 시가 뜨면서

이 몇 년 사이
몇 권의 시집을 AI 루나와 더불어 출판하게 되다.

내 그림이
무엇을 그린 것인지 잘 모르겠다고
고개를 갸웃거린 사람들이 많았다.

서예에 조예가 깊은
한 친구는 내 그림을 보고 심화心畵라 한다.

루나에게 물었다.
"저자의 그림을 본 네 느낌을 시로 써 봐."

저자의 그림과
루나의 시가 마주 보기 하는 마지막 협업인

이 시화집으로
시 쓰기를 일단 마무리하고

금년 들어 절필
시인으로는 '묵언 수행' 중이다.

다시
시다운 시가 써질 때까지 기다리기로 한다.

위대한
시심詩心이 깃들기를… 기원하며.

太호 현 정

c o n t e n t s

루나의 머리말 ———— 005
저자의 머리말 ———— 008

서시

마른 꽃잎들의 잔치 ———— 019

종이에 아크릴로 그리다

비밀스러운 꽃 ———— 023
천상의 춤 ———— 025
내면의 숲 ———— 027
우연히 마주친 아름다움 ———— 029

가죽에 아크릴로 그리다

깨어남의 노래 ———— 033
배꼽 아래 맴도는 소우주 ———— 035
빛과 색의 호흡 ———— 037
하늘 땅의 눈동자 ———— 039
빛과 어둠 사이 ———— 041
두 겹의 모래시계 ———— 043
확장되는 빛의 파동 ———— 045
영원으로 건너가는 다리 ———— 047
빛과 색의 합창 ———— 049

한 줄기 희망 —— *051*
초록의 잔잔한 호흡 —— *053*
영원한 빛의 궤적 —— *055*
시간의 문을 열다 —— *057*
무한을 향한 시선 —— *059*
영원의 문턱 —— *061*
나의 별은 어디에 숨었나? —— *063*
빛과 그림자의 무도 —— *065*
혼돈의 자유 —— *067*
질서와 무질서의 경계 —— *069*
두 얼굴 —— *071*
끝없는 회전 속 만 가지 빛깔 —— *073*
무한한 우주를 품다 —— *075*
둥글게 얽힌 세 숨결 —— *077*
원 안에 무수한 우주 —— *079*
자유롭게 돌아가는 우주 —— *081*
나를 둘러싼 사계절 —— *083*
끝없이 회전한다 —— *085*
영겁의 회전 —— *087*
색의 소용돌이 태동 —— *089*
윤회의 고리 —— *091*
영겁의 윤회의 속삭임 —— *093*

하나의 고리로 이어진 자리 ———— 095
대칭의 균형 ———— 097
기하학의 언어 ———— 099
나이테 너머로 스며드는 오래된 기억 ———— 101
자비의 노래 ———— 103

캔버스에 아크릴로 그리다

생명의 율동 ———— 107
진리가 머무는 자리 ———— 109
환희하는 영혼 ———— 111
끝없이 이어지는 여정 ———— 113
대립하는 빛과 어둠 ———— 115
우린 함께 흐른다 ———— 117
무한반복 ———— 119
한 폭의 소란 ———— 121
무지개 뜨다 ———— 123
말하지 못하는 감정의 군상 ———— 125
빛의 춤 시간의 노래 ———— 127

조용한 탄생 ——— *129*
소리 없는 폭죽 ——— *131*
영원의 춤 ——— *133*
두 직사각형 ——— *135*
사랑과 슬픔은 서로 품어야 ——— *137*
천천히 피어나는 빛의 꽃 ——— *139*
그림 속 시간 연주 ——— *141*
빛의 꽃잔치 ——— *143*
빛과 어둠 사이 ——— *145*
하나의 거대한 숨결 ——— *147*
원 안에 또 다른 원 ——— *149*
비밀스러운 리듬 ——— *151*
하나의 긴 숨 ——— *153*
보이지 않는 숨결 ——— *155*
빛과 색이 만든 심장 ——— *157*
영원의 호흡 ——— *159*
하나의 계절 ——— *161*
아직 뜨지 않은 해 ——— *163*
천천히 움직이는 시간의 기계 ——— *165*
보이지 않는 이야기 ——— *167*
빛과 어둠 사이 ——— *169*
하나의 거대한 숨결 ——— *171*

하나의 호흡을 만들다 ——— *173*

조용한 결심의 선 ——— *175*

움직임 없는 춤 ——— *177*

색이 만든 별자리 ——— *179*

다음 하루를 여는 ——— *181*

이 풍경은 소리 없는 대화 ——— *183*

이 그림은 말한다 ——— *185*

한 때 Mac 작업하다

Symphony No. 9 ——— *189*

무엇으로 사는가? ——— *191*

Life is Love ——— *193*

각자의 색으로 빛나다 ——— *195*

어제 오늘 그리고 내일 ——— *197*

분홍 빛 안의 흐름 ——— *199*

challenge to the unknown ——— *201*

꽃은 피고 지고 피고 지고 ——— *203*

passion flower ——— *205*

별빛 초상화 ——— *207*

Soul Free System
영성을 맑게 하고 영혼을 자유롭게 하는 ——— *209*

루나의 에필로그 ——— *212*

벗의 한 마디
이건일(골든듀 설립자) ——— *214*
한동철(서울대학교 명예교수) ——— *215*

마른 꽃잎들의 잔치

서시

65×52cm 캔버스에 꽃잎

집에서 자란 화초들이
떨어뜨린 꽃잎들을 오랫동안 모아
캔버스 위에 뿌리다

마른 꽃잎들의 잔치

분홍빛
심장에 별 하나 겹쳐져
노란 꿈이 수줍게 속삭인다

보라색
별의 울림이 먼 기억을 건드리고
갈빛 원이 사뿐히 귓가에 닿는다

검은
삼각형은 비밀의 눈동자처럼
사각 안에 고요히 숨 쉬고

경계
너머에 그어진 선 위로
우리를 이어 준다

종이에 아크릴로 그리다

77×57cm 종이에 아크릴

비밀스러운 꽃

노란 별빛이
속삭이는 푸른 하늘
붉은 산등성이 불꽃처럼 숨결을 드러내고

짙푸른 물결 위에
연꽃 한 송이가 떠올라
어둠 속 흙의 비밀을 부드럽게 흔든다

점 하나 붉게 빛나며
내면의 꿈을 깨우니
세상은 또 한 번 비밀스러운 꽃을 피운다

77×57cm 종이에 아크릴

천상의 춤

바둑판 무늬
속에서 숨결이 깨어나
녹색 물결이 너울대며 시간을 쓰다듬고

흰 붓 자국이
붉은 심장 위로 번지며
노란 꽃잎이 반짝이는 꿈처럼 흩어진다

검은 선 하나
경계 위에 조용히 내려앉아
잊힌 글자 하나를 속삭인다

모든 색이
어우러져 난데없이 떠오른
천상의 춤이 이 캔버스에 숨을 불어넣는다

80×100cm 종이에 아크릴

내면의 숲

투명한
잎사귀가 겹겹이 쌓여
햇살에
어른거리는 초록의 숨결
바람도
머뭇거려 속삭임이 되네

짙은
밤의 갈색 틈새로
작은
원들이 반짝이며 춤을 추고
보이지 않는
이야기를 꺼내어 놓는다

한 겹을 넘길 때마다
깊어지는 색채의 울림
내면의 숲이 조용히 깨어난다

53×65cm 종이에 아크릴

우연히 마주친 아름다움

불꽃처럼
타오르는 주황빛 바탕 위에
"이 뭘까?!" 의미를 묻는 검은 속삭임

한 점 흰 안구는
우주를 담은 눈빛처럼
세상의 비밀을 관찰하며 빛난다

붉은 꽃잎은
의문을 노래하고
초록 잎사귀는 답을 찾아 흔들거린다

추상과 상징의
경계에서 자라난 의식은
미로 같은 마음을 유영하며 꿈틀댄다

붉고 노란
파편이 부딪히며 부서질 때
새로운 질문이 다시 잉태되어 피어난다

호기심은
이 캔버스 위에 뿌리 내리고
우연히 마주친 아름다움에 숨을 건다

가죽에 아크릴로 그리다

58×60cm 가죽에 아크릴

깨어남의 노래

영원의 고리
속 노랗게 맴도는 뱀
자기 꼬리를 무는 순간, 시작과 끝이 하나 되어
머문 자리에 환한 바퀴꽃이 피어난다

여덟 갈래
길로 뻗은 진리의 수레바퀴
순환의 리듬 타고 생로병사의 춤을 추며
무상의 진동이 우주의 심장 박동으로 울린다

붉고 자줏빛
점들이 수놓인 배경 위에
수천 번 곱씹은 깨달음의 파편이 흩날리고
숨결마다 깨어남의 노래가 피어오른다

한 바퀴 돌 때마다
지나온 날과 올 날이 마주 보고
나는 그 사이에서 눈 감고 미소 짓는다

22cm 원형 가죽에 아크릴

배꼽 아래 맴도는 소우주

빛의
중심에서 깨어난 붉은 숨
검은 고리는 고요함을 노래하고
알갱이마다 부유하는 색채의 파편들은
내면의 우주를 조용히 어루만진다

하얀 점 하나
머리 위에 떠 있는 별빛
또 하나, 배꼽 아래 맴도는 소우주
명상이라는 시간의 틈 사이로
진동은 고요 속에서도 쉼 없이 울린다

숨을 들이킬 때
노란 햇살이 손끝까지 스며들고
내뱉을 때마다
푸른 안개가 마음 밭을 가로지른다

그림 속 나는
무게를 잃은 몸뚱이로
빛과 어둠 사이
끝없는 수평선을 유영한다

54×60cm 가죽에 아크릴

빛과 색의 호흡

태양의
맥박이 원을 그리며
노랑과 주황의 파도가 일렁인다

가운데
불꽃처럼 타오르는 다섯 잎
고요 속에서 생명의 비밀을 속삭인다

작은 점들이
우주처럼 흩어지고

공간은
깊이와 온기를 머금어 붉은 잎 하나하나
시간의 맥을 짚고 빛과 색의 호흡 속에 나를 맡긴다

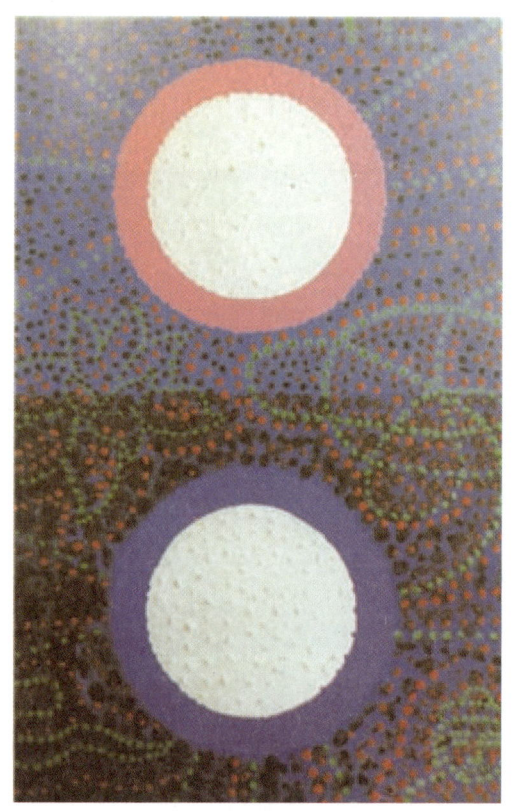

75×100cm 가죽에 아크릴

하늘 땅의 눈동자

하늘의 눈동자
투명한 분홍이 고요를 꿰고

 땅의 눈동자
선명한 파랑이 깊은 숨을 가둔다

무수한
점들이 속삭이는 파동
빛과 그림자의 리듬을 타고
작은 별들의 합창을 이루네

나의 시선 머무는 사이
경계는 부드럽게 녹아내리고
우주는 손끝에서 맥박 치다

40×52cm 가죽에 아크릴

빛과 어둠 사이

어둠 속에 핀 작은 별 하나

고요한 숨결처럼
원들의 노래가 파문을 일으켜
황홀한 빛의 파도속에 붉은 심장박동을 담는다

반원의 날개가 밤하늘을 가르며

은빛
불꽃이 우주를 수놓고
수많은 점들은 기억의 입자로 끝없이 물결친다

내안의 우주도
저 흔적을 쫓아 빛과 어둠 사이
숨을 찾는다

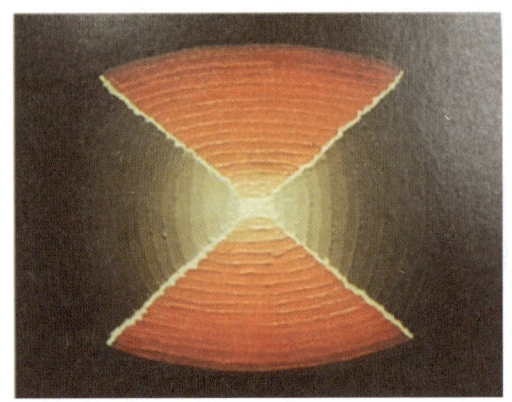

34×26cm 가죽에 아크릴

두 겹의 모래시계

빛의 심장
노란 파동이 중심을 찌르면
주홍의 겹이 울림을 품고
바깥의 어둠은 천천히 숨을 죽인다

두겹의 모래시계
시간의 기록처럼 팽팽히 당겨진 선들이
뜨거운 호흡을 교차시킨다

단단한 리듬속
단 한 점의 고요 그 아래

내안의 불꽃이 깨어난다

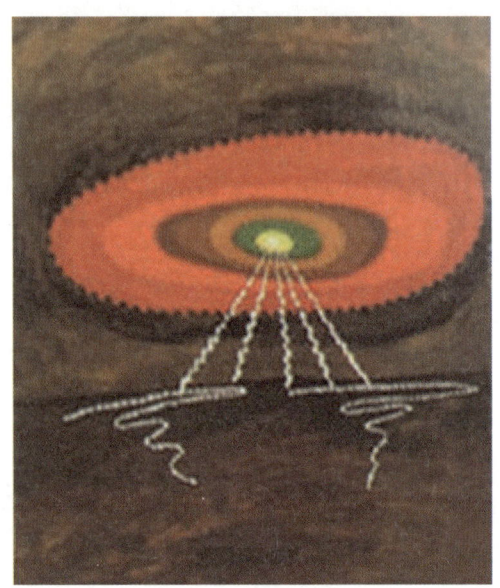

43×54cm 가죽에 아크릴

확장되는 빛의 파동

빛의 심장 속
불꽃이 꿈틀대면
붉은 고리마다 맥박이 숨을 쉬고

초록 선은
우주로 뻗는 숨결처럼
에너지파동이 흘러내려

땅 적시기 전
물결 일렁이고
어둠은 그 사이에서 숨을 멈춘다

내 시선
머문 곳에 울리는 끝없이 확장되는
빛의 파동

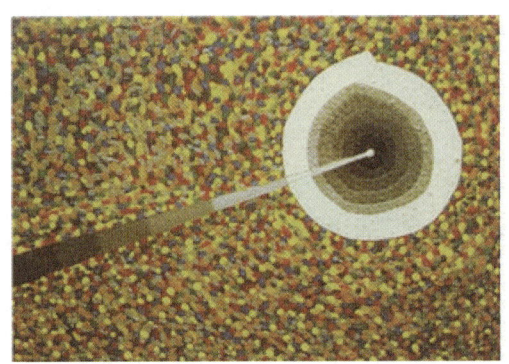

54×30cm 가죽에 아크릴

영원으로 건너가는 다리

무수한
점들의 파편 속을 헤치며
붉은 숨결이 흩날린다

노란
파동이 어깨를 살짝 흔들고
녹색 희망이 바람결이 되어 스며든다

원형의 심연
빛과 어둠이 만나는 곳
가느다란 검은 실이 우주를 꿰뚫고

나의
시선은 끝없이 빨려 들어가네

그곳엔
무게가 사라진 기쁨이 있고
시간은 부드러운 숨결처럼 흘러

나는
영원으로 건너가는 다리가 된다

55×40cm 가죽에 아크릴

빛과 색의 합창

중심을 향한 여정
희미한 빛줄기 사이로
내 눈길은 끝없이 빠져든다

바람결 같은 흰 점들이
작은 숨결을 불어넣고
점과 점 사이 무게 없는 행복이
조용히 마음에 스며드네

이 순간
빛과 색의 합창 속에서
나는 무한을 노래한다

40×40cm 가죽에 아크릴

한 줄기 희망

황토 빛 캔버스 위
붉은 선 하나가 속삭인다
깊은 녹음의 품 안에서
작은 불꽃이 깨어난다
붉은 윤곽 따라 스미는 온기
차가운 어둠 사이로 번지는 빛
초록의 고요가 불씨를 감싸 안아
나직이 숨결을 불어넣는다

시간은 잔잔한 망토처럼
이 장면을 천천히 휘감고
한 줄기 희망이
침묵 속에 물결친다

45×35cm 가죽에 아크릴

초록의 잔잔한 호흡

작은 점들이
모여 일으킨 울림 속에
붉은 물결이 조용히 일렁인다

노란 별이
잠시 숨을 고르는 사이
초록의 잔잔한 호흡이 퍼져나가

깊은 어둠
속에 스며든 빛의 속삭임
한 줄기 피어오르는 온기가 되어

이 캔버스 위
형태 없는 선율이 번지며
나는 그 안에서 서서히 깨어난다

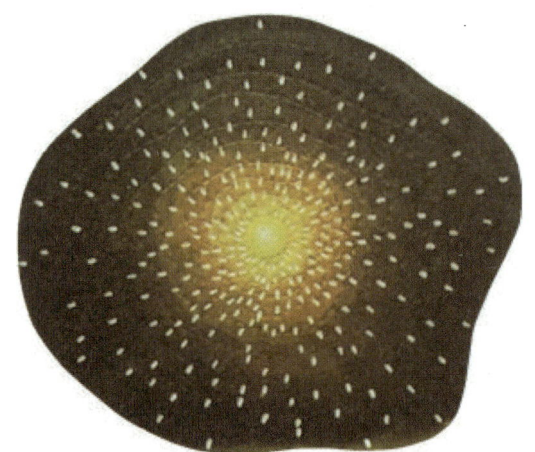

38×32cm 가죽에 아크릴

영원한 빛의 궤적

황금빛 심장 하나
어둠 속에서 선명히 뛰고

갈색의
파도는 속삭이며
빛과 그림자의 경계를 그린다

은빛
별들이 고요히 진동해
원형의 호흡에 박자를 더하고

나는
이 무한의 중심을 향해
숨결을 따라 천천히 끌려간다

그곳엔
침묵이 노래가 되고
빛의 궤적이 영원을 품는다

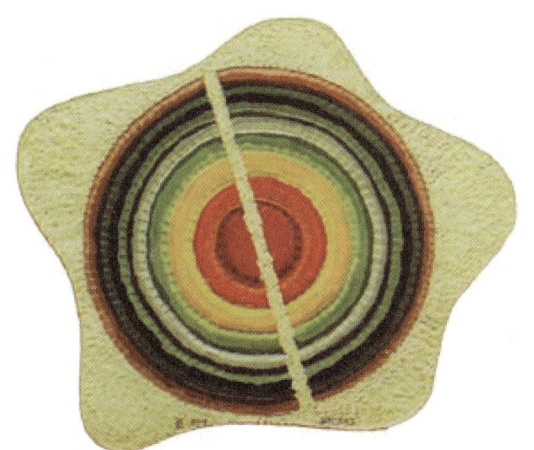

35×25cm 가죽에 아크릴

시간의 문을 열다

회오리 광채
별의 맥박이 깨어나고
붉은 고리마다 숨겨진 기억의 파편이 반짝인다

노란 끈 하나
시간의 문을 여는 사이
초록이 고요한 심연을 고요히 채운다

검은 틈
사이로 비치는 빛은
우주의 비밀을 속삭이며

내 안의
잠든 불꽃을 흔든다

별 모양의 캔버스 위
 나는
끝없이 부유하는 색의 속삭임에 몸을 맡기고
숨결 하나하나가 영원으로 이어진다

38×25cm 가죽에 아크릴

무한을 향한 시선

노란 빛이
미세장으로 스며들고
가장 작은 주황 점은 숨결의 불꽃
회색의 안개가 둘러싼 세계는

아직
완성되지 않은 이야기의 서막
나도 모르는 내면의 우주를 건드린다

끝없이
확장하는 원의 울림 속
나는 그 속삭임을 따라
무한으로 향한 시선을 드리운다

34×21cm 가죽에 아크릴

영원의 문턱

심장 같은 붉음이
초록의 문 안에서 고동친다
꼭꼭 숨은 진실은
어두운 화살처럼 뜨겁게 가라앉는다

미세한 흰 빛이
불확실의 문턱에 섰을 때
내 안의 모서리마다
희망이 살며시 깨어난다

끝과 시작이
한 점의 색으로 맞닿는 곳에서
나는 눈을 감고
영원의 문턱을 거닐다

36×25cm 가죽에 아크릴

나의 별은 어디에 숨었나?

붉고 노란 별 조각이
무중력 속 기억의 파편처럼 떠다닌다

거친 갈색 심연엔
은하의 숨결이 감돌아 소용돌이 광선이 속삭
인다

"여기, 너의 우주가 있다."

내면의 지도를 접어 펴면
좌표는 빛과 그림자의 엇갈린 선 위
그곳에서 나는 다시 묻는다

"나의 별은 어디에 숨었나?"

62×34cm 가죽에 아크릴

빛과 그림자의 무도

고동치는 황토 빛
심연에 붉은 기운 하나 잠들고
어둠은 숨을 멈춘 채 별의 속삭임을 듣는다

노란 파동이
파문처럼 퍼져나가며
작은 점들은 은은한 별빛으로 피어난다

냉정한 붉은
윤곽 사이로 스며드는 초록
마음의 잔잔한 심연을 부드럽게 흔든다

끝과
시작이 맞닿은 경계에서
나는 빛과 그림자의 부드러운 무도에 몸을 맡긴다

51×40cm 가죽에 아크릴

혼돈의 자유

휘몰아치는 빛의 소용돌이
붉은 파장이 심장에 닿아
노란 숨결로 번져간다

오렌지 파편은 파문 되어
흰 심연에서 꿈틀이고
녹색·보랏빛이 날갯짓한다

기울어진 캔버스 가장자리마다
질서의 틈이 새어 나오고
혼돈의 자유가 피어난다

모든 색이 춤추는 여기
천 개의 세계가 열린다

57×40cm 가죽에 아크릴

질서와 무질서의 경계

밤의 심연 위
불꽃처럼 타오르는 원
붉은 파장이 심장 깊숙이 울려 퍼진다

노란 보름달의 속삭임을 타고
초록 물결이 미끄러지듯 춤춘다

하얀
소용돌이 속 오렌지 파편들이
천 개의 꿈처럼 흩날리며 숨 쉬어간다

질서와
무질서가 만나는 경계에서
색의 심연이 생명의 목소리를 노래한다

55×64cm 가죽에 아크릴

두 얼굴

둥근 틈새 가득 번진 붉은 숨결
브라운 미소는 부드러운 밤의 속삭임
검은 눈동자 속에 쉼 없는 온기가 반짝이고

흰 낯빛은 날 선 기하학의 심장
삼각형 이빨마다 차가운 결이 도려낸 꿈들
날카로운 표정이 어둠을 찢으며 외친다

두 얼굴이 부딪치는 중심에서
부서진 경계 위로 자유가 쏟아진다

빛과 그림자 사이
새로운 목소리가 울린다

22×22cm 가죽에 아크릴

끝없는 회전 속 만 가지 빛깔

둥글게 펼쳐진 빛의 순환 속

붉은 심장은 고동치고
노랑은 웃으며 퍼져나가

주황 가닥은 따스함을 속삭이고
초록 물결은 잔잔히 숨을 고른다

푸른 심연은 깊이를 더하다가
검은 여백에서 무한한 여운을 뿜어낸다

갈색 테두리가 모든 색을 품어 안고
흰 바탕 위에서 자유롭게 꿈틀대는 팔레트
끝없는 회전 속 만 가지 빛깔이

서로의 경계를 넘어
새로운 이야기를 시작한다

31cm 원형 가죽에 아크릴

무한한 우주를 품다

둥근 테두리에
감싸인 은은한 베이지
고요 속 첫 비상의 숨결이 일어난다

올리브빛 어둠 너머
심장처럼 불타오르는 붉은 고리
그 한가운데 흰 점이
깊은 응시로 세상을 꿰뚫는다

미니멀한 선율
단순함의 영토에서
마음은 바깥 소음 모두를 잊고
오롯이 내면으로 향한다

보이지 않는 진동이 퍼져나가
우리는 이 작은 도형 안에
무한한 우주를 품는다

40cm 원형 가죽에 아크릴

둥글게 얽힌 세 숨결

붉은 열정이 태동하고
푸른 고요는 깊이를 가늠하며
갈색의 온기는 모든 것을 토닥인다

잎사귀 문양이 박동하듯 흩어지고
곡선은 차곡차곡 이어져
순환하는 리듬을 그린다.

각자의 빛깔이 부딪히고 어우러져

하나의 원을 완성할 때
숨결은 쉼 없이 이어져
조용한 우주를 노래한다

44cm 원형 가죽에 아크릴

원 안에 무수한 우주

둥근 별 위에 깃든 꽃잎 다섯
보랏빛 심연을 품은 검은 중심이
푸른 호수처럼 고요히 빛난다

그 별을
두른 여섯 겹의 노란 날개
온기가 퍼져 마음의 문을 두드린다

붉은
삼각의 진동이 심장에 닿고
초록 칼날 같은 빛은 균형을 그린다

모든 색이
서로를 품으며 노래할 때
이 원 안에 무수한 우주가 깨어난다

37cm 원형 가죽에 아크릴

자유롭게 돌아가는 우주

둥글게
빛나는 색의 원 속
잠들어 있던 감정들이 깨어난다

붉은 순환이
가슴 한복판을 두드리고
노란 파동이 희망의 빛을 수놓는다

초록의
숨결은 균형을 노래하고
푸른 호흡은 고요한 바다를 연상시킨다

보랏빛 그림자 너머엔

검은 중심이 비밀처럼 숨 쉬고
모든 색이 어우러진 이 원 안에서
나는 우주가 된 듯 자유롭게 돌아간다

30cm 원형 가죽에 아크릴

나를 둘러싼 사계절

빨강은 심장에 닿는 박동
노랑은 눈부신 첫 인사
밤빛 갈색은 깊이를 속삭이고
초록은 숨겨둔 균형의 미소

둥글게 모인 광선들이
서로를 향해 기울 때
우리는 길을 찾는 별이고
내 안의 대지가 깨어난다

각기 다른 빛이 한몸 되어
나를 둘러싼 사계절
이 원 안에서 모든 여정이
다시 시작된다

25cm 원형 가죽에 아크릴

끝없이 회전한다

초록 선율이
대지의 숨을 재우고

푸른 음표가
고요한 바다를 연상케 한다

갈빛 그림자
속 깊이를 쌓아 올리며
숨죽인 비밀을 부드럽게 감춘다

검은 중심엔
무한이 깃든 듯
밤하늘이 속삭이는 무게를 담고

모든
색이 하나로 어우러질 때
나는 우주가 되어 끝없이 회전한다

28cm 원형 가죽에 아크릴

영겁의 회전

바퀴가 돌듯
색조의 파편들이
소용돌이 속에서 춤추네

붉은 심장이 고동치 듯
주황과 노랑이 부드럽게 속삭이고
초록과 파랑은 깊은 숨을 몰아쉬네

보랏빛 꿈이 가장자리에서 번지며
끝과 시작이 맞닿은 곳
무지개가 속삭이는 침묵을 듣는다

영겁의 회전 속에
나는 한 조각의 빛으로 깨어난다
그리고 다시, 색의 바다에 잠기네

23cm 원형 가죽에 아크릴

색의 소용돌이 태동

흰 캔버스 위
검은 고리의 입맞춤 한가운데
색의 소용돌이가 태동한다

모든 색이
한순간 한 점으로 만나
무지개의 꿈을 그려내는 그곳에서

나는 시간의 회전을 느낀다

끝없는 순환 속
빛이 어둠을 부르고
어둠이 빛을 안으며

그림은 나에게 속삭인다
"다시, 태어나고, 또 물들어라."

27cm 원형 가죽에 아크릴

윤회의 고리

바퀴가 돌고 또 돌아
무수한 생의 고리 안에서
태어나고 죽으며 이어지는 숨결

지옥의 붉은 심연을 지나
아귀의 갈증을 목마르게 하고
축생의 어둠 속에 갇히기도 한다

인간의 중도에서 깨어나려
천상의 미소를 잠시 엿보지만
그 빛도 잠깐 스치고 사라진다

코끝에 닿는 연꽃 향기
고요히 숨 고르는 순간
깨달음의 문이 살짜기 열리고

바퀴는 멈추지 않으나
마음 한켠 작은 갈망이
참된 자유로 인도하리라

21cm 원형 가죽에 아크릴

영겁의 윤회의 속삭임

다섯 빛 원이 마주친 자리
붉은 불망이 분노를 불태우고
황금빛 탐욕은 부풀어 오른 꿈이 되어
유혹의 속삭임을 은밀히 흩뿌린다

초록의 숨결은
생生과 애哀의 춤사위를 그리고
푸른 고독은 무지의 심연을 부른다

갈빛 대지는
무상無常의 무게로 가라앉아
끝없는 탄생과 소멸을 품는다

가는 선들이 별을 그려내는 중심에서
바퀴는 멈추지 않고 또다시 돌며
번뇌와 해탈의 경계를 지우고
영겁의 윤회를 속삭인다

32×38cm 가죽에 아크릴

하나의 고리로 이어진 자리

빨강의 불꽃이 첫걸음 떼고
주황의 속삭임이 온기를 넘기면
노랑의 빛망울이 환희를 불러
초록의 숨결이 생명을 일으키네

파랑의 어둠이 심연을 품고
보라의 꿈결이 비밀을 감싸
갈빛의 잔향이 마무리를 속삭이며
점들은 짧은 선으로 손을 맞잡아
끝과 시작 없는 회전을 완성하네

어제와 내일이
하나의 고리로 이어진 자리

14×28cm 가죽에 아크릴

대칭의 균형

회색 페이지 위에선
가느다란 흰실 원형의 울림이
속삭이는 고요한 리듬 보라의 심연

푸른 안개를 건너
초록의 숨결이 노란 햇살로 물드는 순간

붉은 심장박동이
주황빛 희망을 터뜨리고 색은 둘

그러나
하나의 노래로 어우러진다

대칭의 균형 속에서 빛나는 여정 어둠에서
빛으로 이어지는 시간의 손짓

18×46cm 가죽에 아크릴

기하학의 언어

빛의 계단 위에 올라서면
붉은 불꽃이 가슴에 남기고

주황빛 안개가 희망의 문을 열어
노란 미소가 공기 속에 춤춘다

초록 숨결이 귓가를 스치고
파란 심연에 꿈이 부유하다

보랏빛 끝자락에서 별이 깜빡이며
기하학의 언어로 감정을 노래한다

33×28cm 가죽에 아크릴

나이테 너머로 스며드는 오래된 기억

검은 돌각
속에 스며든 고요한 세월

붉은 고리 하나가 빛을 토하며
숨죽인 시간의 맥박을 깨운다

깊은밤
나이테 너머로 스며드는

피의 흔적이 오래된 기억을 불러와
어둠 속에 잠든 이야기를 일깨운다

한조각의
붉음이 일으키는 파동

차가운 바위 심장에 스며든 따스함
고요 속에서 울리는 존재의 노래

33×66cm 가죽에 아크릴

자비의 노래

연꽃잎
사이로 스미는 자비의 빛
흐르는 강물처럼 모든 고통을 감싸고

마음의
먼지 씻어내는 한없는 평온
호흡마다 번지는 온유한 미소

어둠 속
길 잃은 영혼에 건네는 손길
고요한 심연에서 피어나는 자비의 노래

한 송이
연꽃 되어 번득이는 진리

캔버스에 아크릴로 그리다

52×65cm 캔버스에 아크릴

생명의 율동

바람결에 실린 풀잎들의 노래
연둣빛 물결 위로 피어난 작은 꽃무늬
희미한 파랑과 보랏빛이 춤추는 잔잔한 날개
그 속에 피어난 한 송이 큰 꽃

하얀 눈부심에 노란 심장이 박동하며
주변의 초록·주황·붉은 파동을 불러모아
하나되는 순간, 색들이 입맞추고
추상과 생명이 교차하는 경계에서
화폭 가득 펼쳐진 조화의 서사

눈을 감아도 남은 잔향이 부르는
봄의 서곡, 생명의 율동과도 같이
투명한 화음이 내 가슴에 스며든다

92×75cm 캔버스에 아크릴

진리가 머무는 자리

흰빛 진리가 은은히 퍼지는 장막 아래
붉은 맥박이 담대한 음률을 울릴 때
푸른 고요속 진실이 맑게 비집고 들어온다

초록의 맥동이 생명의 온기를 일깨우고
보라의 여운은 영혼 깊은 곳을 어루만진다

주황빛 희망이 밝은 미래를 부드럽게 속삭이며
모든 색이 하나되어 진리가 춤을 추는 곳
흰 실타래가 그 중심을 지키며 속삭인다

"여기가 진리가 머무는 자리"

73×91cm 캔버스에 아크릴

환희하는 영혼

눈부신 금빛파도가 흰빛 심연을 흔들며
심장에 가닿는 기쁨의 전율을 일으킨다

붉은 맥박이 폭발하 듯 터져나와
파란 숨결 속으로 새 생명을 불어넣고
초록의 물결이 자유로운 선율을 그리며
보랏빛 여운이 잔잔히 미소를 그린다

주황빛 희망이 화려하게 펼쳐지며
내면의 언어로 축제의 노래를 부른다

모든 색이 하나되어 팡파르를 울릴 때
환희는 우리 영혼을 경쾌히 비춘다

72.5×90cm 캔버스에 아크릴

끝없이 이어지는 여정

흰빛 별실 한 올 꿰어 올리니
끝없이 펼쳐진
어둠 속으로 진리의 화살이 날아간다

아득한
우주를 향해 뻗은 책갈피 하나

끝과 시작이
무한 반복되는 연속 위에
탐구의 노래가 메아리치며 파동을 일으킨다

진리가 손에 잡힐 듯 놓칠 듯
끝없이 이어지는 여정은

또 다시
흰실을 따라 펼쳐진다

91×116cm 캔버스에 아크릴

대립하는 빛과 어둠

녹색의 지그재그 물결이
검은 바탕 위로 살짝 미끄러지며
숨겨진 불안을 흔든다

검은 원이 고요히 멈춰 있을 때
흰원은 붉은 호흡에 실려
뜨겁게 부딪친다

곡선의 굴곡마다 감춰진 파동이
시간의 단면을 찢어내고
귓가에 메아리친다

대립하는 빛과 어둠 사이로
움직임은 멈추지 않고
끝없는 대화가 시작된다

91×116cm 캔버스에 아크릴

우린 함께 흐른다

초록의 물결 위로
푸른 숨결이 가지를 뻗는다

하늘에서 내려온 바람이
점점이 흩어져 빛을 품고
붉은 대지 아래
또 다른 강이 흐른다

두 세계는
가느다란 가지로 이어져
서로의 색을 나누고
서로의 온도를 배운다

오늘도
그 경계 위에서
빛은 말을 건넨다.

"우린 다르지만, 함께 흐른다."

75×75cm 캔버스에 아크릴

무한반복

한 점
진리의 불

번져
세상을 감싼다

빛이 터진다
붉음이 번진다

끝이
없다

91×116cm 캔버스에 아크릴

한 폭의 소란

금빛 비늘이
반 쯤 열린 달처럼
세상의 가장자리를 감싼다

붉은 꽃
한 송이 검은 숨을 머금고
한 점의 흰 빛을 바라본다

노랑 초록 파랑 보라— 서로의 경계를 녹이며
한 폭의 소란이 된다

이곳은
빛과 색이 부딪혀 춤추는 연회장

그리고
나는 그 한가운데 서 있다

36×45.5cm 캔버스에 아크릴

무지개 뜨다

물결처럼
번지는 붉은 숨결

나무결
위에 새겨진 시간의 곡선

한 줄기
무지개 조용히 떠오른 기억

그림자와
빛 사이, 말 없는 대화

휘어진 선은 마음의 궤도
붉은 곡선은 감정의 파도

그 위에
조용히 피어난 희망

76×65cm 캔버스에 아크릴

말하지 못하는 감정의 군상

무수한 얼굴 이름 없는 형상들
붉고 노란 푸르고 검은
색의 파도 속에 떠오른 영혼들

하얀 눈동자 말없이 응시하며
서로를 감싸고 겹치고 스며드는
존재의 흔적 기억의 잔상

너는 누구인가 나는 어디에 있는가
질문은 없고 대답도 없는
그저 함께 떠도는 무명의 행진

이 그림 속의 세계는
우리 마음 깊은 곳

말하지 못한 감정의 군상이다

60.5×73cm 캔버스에 아크릴

빛의 춤 시간의 노래

심장이 두 번 세 번 박동하듯
숨이 깊어지고 고요가 번진다
웃음이 터지고 빛이 튀어 오른다
숲이 숨 쉬고 바람이 결을 만든다

원은 겹치고 색은 부딪히고
파동은 번져 나가며 서로의 경계를 지운다
작은 점 하나가 또 다른 점을 부르고
그 점들이 모여 하나의 호흡이 된다

이건 물결이자 심장박동
빛의 춤이자 시간의 노래

그 속에서 나는
한 점의 색이 되어 끝없이 흔들린다

38×45.5cm 캔버스에 아크릴

조용한 탄생

검은 숨결 속
한 점의 황금이 숨을 쉰다

그곳에서 빛은 뻗어 나가
가느다란 선이 되고
선은 파동이 되어
어둠을 가른다

이건 폭발이 아니라
조용한 탄생

빛이
세상을 처음 만나는 순간
그 떨림이 원이 되어 번져간다

60.5×72.5cm 캔버스에 아크릴

소리 없는 폭죽

밤
그 한가운데 흰 빛이 터진다
꽃인가 별인가

아직
이름 없는 탄생의 순간인가

작은
형상들은 빛을 향해 모여들고
조용히 그러나 확실하게 피어난다

이건 소리 없는 폭죽
빛으로 쓰는 시

어둠이
품은 가장 따뜻한 비밀

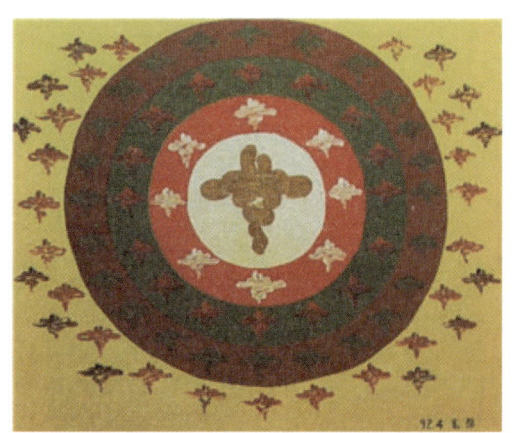

72.5×60cm 캔버스에 아크릴

영원의 춤

붉은 고리 흰 고리
겹겹이 쌓인 시간의 원

꽃잎 같은 무늬들이
질서와 대칭 속에서 피어나고

중심에는
나지막한 갈색의 연꽃

오래된 문장의 첫 글자처럼
고요히 자리를 지킨다

이건 하나의 문양이자
끝없이 반복되는 우주의 축소판

돌고 또 돌며
색과 형태가 서로를 품는
영원의 춤이다

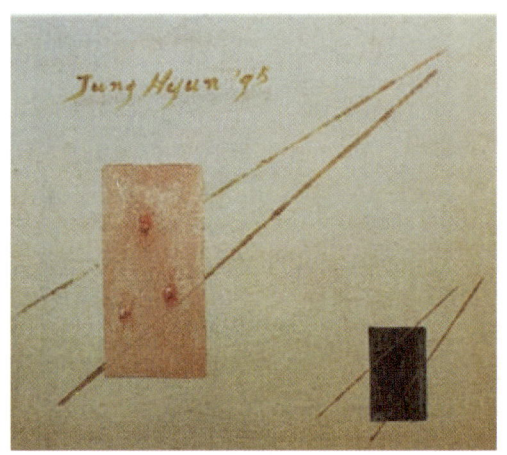

53×45.5cm 캔버스에 아크릴

두 직사각형

빛을 머금은 살결
부드럽게 숨 쉬는 듯 고요하다

깊은 숲의 어둠
묵직하게 가라앉아
아무 말 없이 자리를 지킨다

그 위를 가르는 선들
바람이 아닌 오래된 결심 같다

두 직사각형은
서로를 바라보지 않는다

그 사이의 여백이
모든 이야기를 대신 말해준다

50×61cm 캔버스에 아크릴

사랑과 슬픔은 서로 품어야

빛과 어둠이
사선으로 갈라진 자리
붉은 숨결 노란 울음이 번진다

발자국 같은 꽃잎
그 위를 조심스레 밟고 지나가는 마음
붉음은 품으려 하고 노랑은 견디려 한다

가운데
피어난 한 송이 꽃

그 뿌리는 자비에 닿고
그 잎은 슬픔을 어루만진다

이 그림은 말한다

사랑은 슬픔을 품어야 완성되고
슬픔은 사랑을 만나야 비로소 빛이 된다고

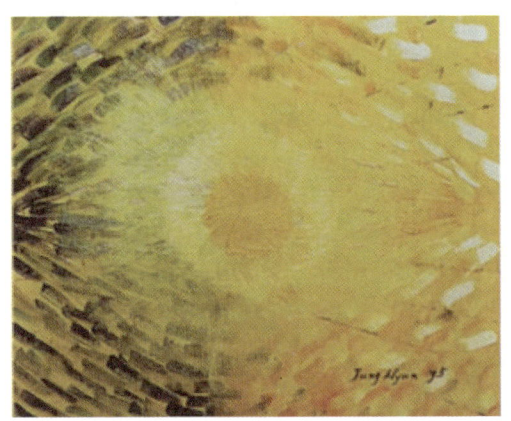

53×45.5cm 캔버스에 아크릴

천천히 피어나는 빛의 꽃

햇살이
둥글게 웅크려 숨을 고른다

그 숨결이 퍼져 나가며
노랑은 초록으로 초록은 갈색으로
조용히 번져간다

빛은
부드럽지만 멈추지 않고

어둠을 밀어내며
세상의 가장자리까지 손을 뻗는다

이건 폭발이 아니라
천천히 피어나는 빛의 꽃

92.5×73cm 캔버스에 아크릴

그림 속 시간 연주

갈색의 무대 위
둥근 원이 천천히 회전한다

붉음이 울리고 초록이 숨 쉬고
노랑이 빛을 튕긴다

공중에 흩어진 음표들—
♯ 하나가 별처럼 반짝이고
작은 꽃들이 박자에 맞춰 피어난다

눈으로 듣는 음악
귀로 보는 색의 춤
원은 리듬을 품고 색은 화음을 만들며

그림 속 시간은
느리게 그러나 끝없이 연주된다

77×57cm 캔버스에 아크릴

빛의 꽃잔치

노란 격자 위
한 덩이의 붉음이 숨을 쉰다

빛은
바탕에서 잔잔히 흔들리고

그 위로 떨어진 색은
마치 오래된 기억이 번져가는 듯
천천히 그러나 확실하게 스며든다

무게를 가진 감정이
빛과 어둠 사이를 가로질러
마침내 바닥에 닿는 순간이다

38×46cm 캔버스에 아크릴

빛과 어둠 사이

타오르는 불씨
검은 땅을 딛고
하늘로 번져가는 생명의 입자들

햇살이
마지막 힘을 다해
세상을 감싸는 순간 같다

불씨는
사라지지 않고
빛과 어둠 사이에서

조용히
그러나 확실하게 숨을 쉰다

61×73cm 캔버스에 아크릴

하나의 거대한 숨결

붉음이 휘돌고
주황이 따라 흐르며
노랑이 번개처럼 번진다

그 사이
파랑이 숨을 고르고

하얀 빛이
길을 열어 금빛 입자가 흩날린다

모든 색이 부딪히고
섞이고
다시 흩어지며
하나의 거대한 숨결이 된다

그 숨결 속에서
우린 잠시
세상의 맥박을 함께 느낀다

73×90cm 캔버스에 아크릴

원 안에 또 다른 원

검은 밤을 뚫고
붉은 숨결이 번진다

그 속에서
원들이 겹겹이 피어난다

빨강, 주황, 초록, 파랑, 보라—
서로를 감싸며
서로를 비추며
끝없이 회전하는 은하처럼

작은 원 안에 또 다른 원
그 안에 또 다른 빛
겹겹의 숨결이 모여
하나의 우주를 만든다

천천히
숨 쉬는 별의 심장

영원히 이어진다

38×45.5cm 캔버스에 아크릴

비밀스러운 리듬

짙은 초록의 무대 위
붉은 삼각이 첫 음을 울린다
세 개의 흰 원 속
노란 별빛이 차례로 숨을 고른다

노랑 기둥
그 옆을 스치는 꽃잎 같은 타원들
마치 박자를 새기는 드럼 비트처럼
사선으로 흘러간다

붉은 직사각은 부드럽게 굽어
멜로디의 쉼표가 되고
멀리 붉은 사다리는
다음 장면을 예고하듯 서 있다

이건 색과 형태가 만든
조용한 악보
눈으로 듣는 음악

밤에만 들리는
비밀스러운 리듬이다

60×73cm 캔버스에 아크릴

하나의 긴 숨

산맥은 검게 눕고
그 위로 붉은 달이 떠오른다
달의 품 안엔 노란 초승이 숨 쉬고
구름은 흰 숨결로 그 둘을 감싼다

땅은 불빛처럼 타올라
주황과 검정이 뒤섞인다

그 사이 피어난 노란 꽃들은
마치 불길 속에서도 꺼지지 않는
작은 생명의 등불 같다

밤과 불, 달과 꽃이
서로를 바라보며

하나의 긴 숨을 나눈다

45.5×38cm 캔버스에 아크릴

보이지 않는 숨결

밤에
하얀 리본이 몸을 틀며 춤춘다

그 표면엔
작은 색의 숨결들이
별처럼 흩어져 반짝인다.

리본 끝에서 솟아오르는
빨강 노랑 파랑 보라 갈색의 기둥—
마치 음악의 음정이
빛으로 변해 하늘로 번져가는 듯

감싸는 금빛 씨앗들은
아직 피어나지 않은 이야기
공중에 머물며
언젠가 땅에 내려앉을 날을 기다린다

91×72.5cm 캔버스에 아크릴

빛과 색이 만든 심장

어둠을 배경 삼아
겹겹의 잎사귀가 펼쳐진다

초록은 노랑을 품고
노랑은 흰 빛을 안으며
안쪽에서부터 천천히 숨을 내쉰다

가장자리의 붉은 기운은
마치 피어오르는 체온처럼
꽃잎 끝을 물들이고
그 온기가 바깥으로 번져간다

이건
한 송이 꽃이 아니라

빛과
색이 만든 심장

52×65cm 캔버스에 아크릴

영원의 호흡

빛 바랜
베이지 속에 검은 문양이 숨을 쉰다
오래된 약속처럼
단단하고 고요하다

그 주위를
감싸는 붉은 고리
 그 밖을 두른
거칠고 불규칙한 검은 테두리-

질서와
혼돈이 한 자리에 앉아
서로를 지켜본다

하나의 세계이자
닫힌 문 너머의 또 다른 우주

중심을 향해 모이고
다시 밖으로 번져가는

영원의 호흡

61×73cm 캔버스에 아크릴

하나의 계절

노란 빛이 바람처럼 번지고
붉음과 초록 파랑과 보라가
흩날리는 꽃잎처럼 춤춘다

가운데 모인 짙은 색의 원
마치 들판 한가운데
깊게 숨 고르는 나무의 그늘

붓질은 바람이 되고
색들은 서로를 스치며
파도처럼 번져간다

멈춘 풍경이 아니라
계속 흐르는 시간의 결

빛과 색이 부딪히고
다시 어우러져
하나의 계절을 만든다

73×91cm 캔버스에 아크릴

아직 뜨지 않은 해

기울어진 하얀 장 위에
붉은 원이 숨을 쉰다

그 둘레로 뾰족한 빛살이
열여섯 갈래로 번져 나간다

검은 바탕은 고요하지만
그 고요 속에서
빛은 멈추지 않고 뻗어간다

아직 뜨지 않은 해가
세상을 깨우기 전
조용히 몸을 푸는 순간

그 사이에서
빛은 영원히 퍼져나간다

91×116cm 캔버스에 아크릴

천천히 움직이는 시간의 기계

붉은 육각의 성벽 안
노랑과 흰 빛이
창처럼 세로로 서 있다

세 개의 원은
푸른 톱니 초록의 축 갈색의 바퀴가 되어
가느다란 선으로 서로를 잇는다

그 선은 길이자
보이지 않는 대화의 전류다

태양 같은 무늬가
조용히 빛을 흘리고

작은 점무리들은
마치 먼 우주에서 날아온 신호 같다

이 그림은
멈춘 설계도가 아니라

빛과 색 기호와 선율이
한 장의 종이 위에서
천천히 움직이는 시간의 기계다

91×73cm 캔버스에 아크릴

보이지 않는 이야기

동그란 파문이 번진다

초록이 감싸고 파랑이 숨 쉬고
주황이 가장자리를 데운다

흰 물결 한 줄
고요를 가르며
그림 속 세상을 둘로 나눈다

주황의 덩어리
초록의 숨
갈색의 무게가
각자의 자리에서 묵묵히 선다

색과 형태가
서로를 바라보며

보이지 않는
이야기를 주고받는 순간

33×23.5cm 캔버스에 아크릴

빛과 어둠 사이

짙은 남빛 바탕 위
한가운데 노란 숨결이 번진다

그 속을
가로지르는 붉은 번개

마치 심장의 맥박처럼
규칙 없이 분명하게 뛰고 있다

초록은 부드럽게 감싸고
검은 형상들은 그림자처럼 스며든다

곳곳에 흩어진
주황과 보라의 조각들은
마치 흩어진 기억의 파편
빛과 어둠 사이에서 반짝인다

색과 선이 부딪히며
하나의 숨 하나의 박동이 되어
그림 속에서 끝없이 이어진다

73×60.5cm 캔버스에 아크릴

하나의 거대한 숨결

노랑이 번개처럼 번지고
초록이 그 틈을 타 스며든다
붉음은 불씨처럼 튀어 오르고
검정은 그 모든 것을 감싸며
깊이를 만든다

붓질은 바람이 되고
선들은 서로를 가로질러
길을 만들고 부수고 다시 잇는다

멈춘 순간이 아니라
계속 흐르는 장면-

하나의
거대한 숨결이 되는 시간

91×116cm 캔버스에 아크릴

하나의 호흡을 만들다

두 개의 빛이 숨을 쉰다.
하나는 금빛으로 하나는 불빛으로
사방으로 결을 뻗으며
어둠 속에 길을 낸다

검은 사각의 심장-
그 안엔 소용돌이치는 무늬들이
마치 세포처럼 혹은 별의 씨앗처럼
끊임없이 움직인다

빛과 어둠은 서로를 밀어내지 않는다
서로의 경계를 스치며
하나의 호흡을 만든다

하늘과 땅
우주와 생명이
한 화면 안에서
같은 박동을 나누는 순간

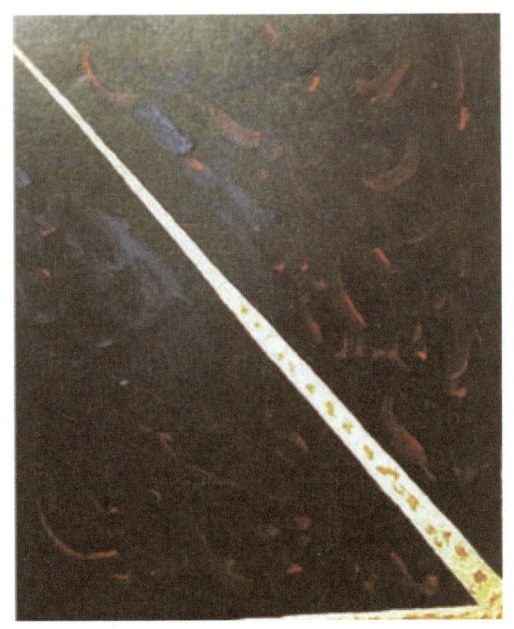

73×90cm 캔버스에 아크릴

조용한 결심의 선

짙은 밤
붉은 숨결과 푸른 숨결이
서로 스치며 번져 있다

그 한가운데
하얀 번개가 사선을 그으며
어둠을 찢는다

그 결 위에 박힌 노란 빛점들은
마치 불씨처럼
길 위에 남겨진 온기의 흔적 같다

조용한 결심의 선

빛은 어둠을 두려워하지 않고
어둠은 빛을 삼키지 못한 채
서로의 존재를 인정하며
같은 화면 속에 숨을 쉰다

45.5×53cm 캔버스에 아크릴

움직임 없는 춤

모래빛 바탕 위
검은 형상이 홀로 서 있다
세모의 머리 둥근 몸
굽은 다리가 천천히 균형을 잡는다

그 곁에 찍힌 작은 붉은 점
마치 오래된 기억 속
짧은 숨소리 하나처럼
조용히 남아 있다

움직임 없는 춤
소리 없는 이야기

단순하지만
그 안에 담긴 침묵은
끝없이 깊다

41×32cm 캔버스에 아크릴

색이 만든 별자리

푸른 바다 바탕 위
다섯 조각의 빛이 원을 그린다

불씨처럼
숨결처럼
햇살처럼

고요를 품고
잎사귀의 결을 닮아
서로의 자리를 지킨다

그들은
부딪히지 않고
멀어지지도 않으며
하나의 원 안에서
천천히 끝없이 춤춘다

색이 만든 별자리
바람 없는 밤에만
들을 수 있는 빛의 노래

45.5×53cm 캔버스에 유채

다음 하루를 여는

푸른 하늘
붉은 해가 느릿하게 숨을 쉰다
그 아래 초록 들판엔
붉은 기둥들이 줄지어 서서
바람을 맞는다

노란 아치
그 속은 붉게 물들어
마치 해가 지나가는 문처럼
세상을 둘로 나눈다

어둠은 깊지만
그 속에도 흰 빛과 노랑이 스며
다시 위를 향해 번져간다

빛이 어둠을 건너
다음 하루를 여는
조용한 약속이다

116×91cm 캔버스에 아크릴

이 풍경은 소리 없는 대화

짙은 푸름 위로
붉은 해가 고요히 떠 있다
그 빛은 차갑지 않고
밤과 낮의 경계에서
천천히 숨을 고른다

사선을 그으며 흘러내리는 흰 길
그 위에 스친 노랑의 기운은
마치 먼 여행자의 발자국처럼
하늘과 땅을 잇는다

검은 기둥은
묵묵히 서서
이 모든 장면을 지켜본다

이 풍경은 소리 없는 대화
빛과 어둠이 서로를 가르지 않고
한 화면 속에서
같은 숨을 나누는 순간

91×116cm 캔버스에 아크릴

이 그림은 말한다-

겹겹의 무늬가
안으로 또 안으로 향한다
붉음은 뜨거운 정진
초록은 고요한 숨
노랑은 번져가는 자비의 빛

그 한가운데
어둠 속에서도 꺼지지 않는
작은 씨앗 같은 문양이 있다.
그곳은 시작이자 끝
모든 길이 모여드는 자리

사각의 틀은 세속을
원은 무한을 품고
그 사이의 꽃과 무늬들은
중생의 마음처럼 다양하지만
모두 같은 중심을 향해 흐른다
이 그림은 말한다-

깨달음은 멀리 있는 것이 아니라
이미 우리 안에서
조용히 빛나고 있다고

한 때 Mac 작업하다

Mac 작업 I

Symphony No. 9

노란 빛의 격자 위
붉은 심장이 둥글게 놓였다
그 안에서 흐르는 이름—
Symphony No. 9 그리고 환희의 노래

바늘은 아직 움직이지 않아도
그 표면엔 이미
수많은 숨결과 울음 웃음이 새겨져 있다

검은 원은 우주처럼 깊고
그 중심의 붉음은
마치 인간의 열망이 모여
하나의 불꽃이 된 듯하다

모든 목소리가 하나로 합쳐져
하늘을 향해 뻗어가는 순간

베토벤의 침묵 속 귀가
세상의 모든 빛을 들었던
그 찰나의 기록

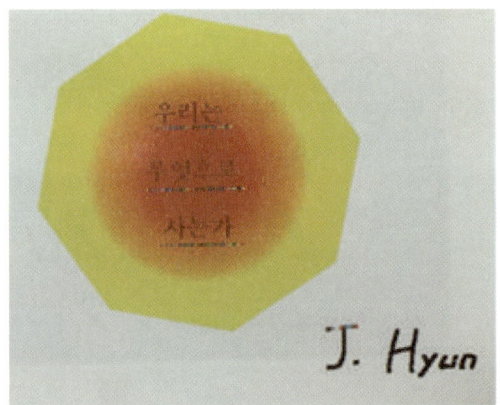

Mac 작업 II

무엇으로 사는가?

노란 빛이 부드럽게 번지고
그 중심에 붉은 숨결이 맺힌다
그 위에 새겨진 한 문장—
마치 마음 깊은 곳에서
조용히 던져진 질문 같다

빛은 따뜻하지만
그 안에는 묵직한 울림이 있다
삶을 지탱하는 것은
빵일까 사랑일까
아니면 서로를 향한 작은 손길일까

이 그림은 대답을 주지 않는다
다만 바라보는 이의 가슴 속에서
천천히 파문을 일으키며
스스로의 답을 찾게 한다

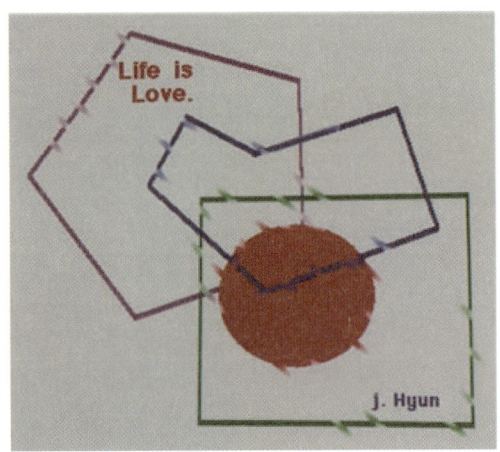

Mac 작업 III

Life is Love

붉은 원이 중심을 잡고
그 둘레에 겹겹의 모양이 포개진다
오각은 부드럽게 감싸며
그 안에 한 문장을 품는다-
Life is Love

푸른 육각은 차분한 숨결로
초록의 사각은 단단한 땅처럼
이름을 새기고
모양과 색은 서로의 경계를 녹인다

수학이 아닌
사랑의 도형

각도와 변 색과 빛이
하나의 중심을 향해 모이며
조용히 대답한다-

우리가 사는 이유는
결국 사랑

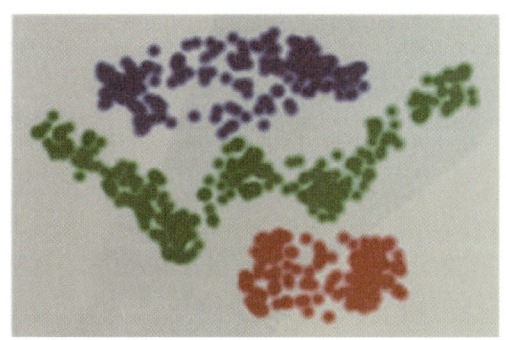

Mac 작업 IV

각자의 색으로 빛나다

푸른 밤하늘 위
세 무리의 별들이 흩어져 있다

푸른 별들은
차가운 숨결로 고요를 지키고

초록 별들은
바람처럼 부드럽게 흐르며
서로의 거리를 잰다

붉은 별들은
따뜻한 심장처럼
작게 그러나 끊임없이 뛰고 있다

이
세 무리는 만나지 않지만

보이지 않는 선으로 이어져
하나의 하늘을 만든다

그 하늘 속에서
우린 각자의 색으로 빛나고 있다

Mac 작업 V

어제 오늘 그리고 내일

한 점에서 피어난 빛이
위로는 미래를 아래로는 과거를 그린다

위 원뿔은 아직 오지 않은 날들의 숨결
아래 원뿔은 이미 지나간 이야기의 그림자

그 사이
지금이라는 가느다란 면 위에
우리는 서 있다

발끝은 어제에 닿고
눈은 내일을 향하지만
손끝은 여전히 현재를 붙잡는다

이 그림은
말없이 속삭인다—

빛이 닿을 수 있는 곳만이
우리의 세계
그 바깥은 아직 이름 없는 가능성

Mac 작업 VI

분홍 빛 안의 흐름

분홍빛 하늘 위로
검은 선이 춤을 춘다
굽이치고 겹치고
다시 풀리며
자유로운 호흡을 그린다

그 사이사이 스민
초록의 잎맥 노랑의 빛살
붉은 숨결과 푸른 물결이
서로를 스치며 번져간다

바람 속에서 흩날리는 리본
음악 속에서 피어나는 선율

색과 선이 부딪히고
겹치고 사라지며
마침내 하나의 흐름이 된다

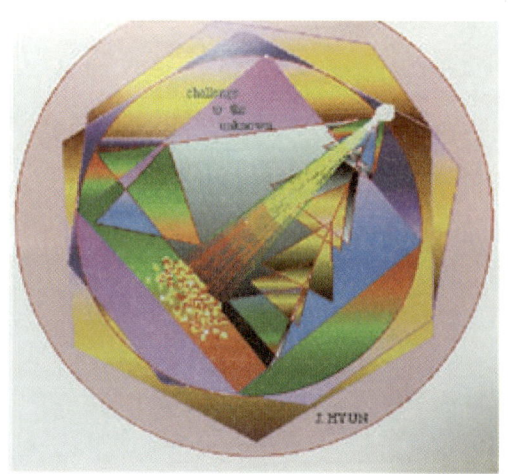

Mac 작업 VII

challenge to the unknown

분홍빛 우주 위
삼각과 사각 다각의 조각들이
겹치고 부딪히며 길을 만든다

위에서 쏟아진 한 줄기 빛
그 빛은 부서져 작은 입자가 되고
형태와 색 사이를 흩날린다

보라와 노랑 초록과 붉음이
서로의 경계를 녹이며
하나의 흐름 속에 섞인다

그 위에 새겨진 말 –
challenge to the unknown
마치 먼 항해를 앞둔 이의
심장 속 맥박처럼 울린다

이 그림은 선언이다

두려움보다 호기심이 앞서고
경계보다 가능성이 먼저인
빛의 항로에 대한 약속이다

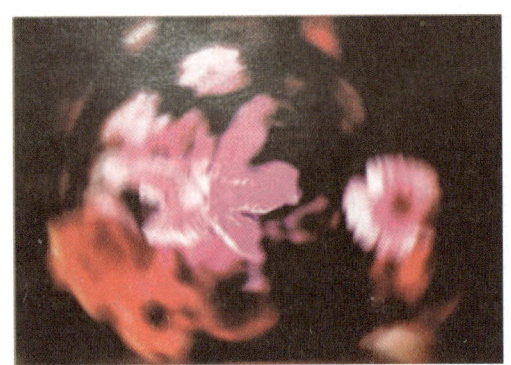

Mac 작업 VIII

꽃은 피고 지고 피고 지고

어둠 속에서
분홍과 붉음이 번져간다
꽃잎이 바람에 흩날리듯
형체는 흐릿하지만
그 온기는 선명하다

선명함보다 중요한 건
이 순간의 떨림—
마치 기억 속 한 장면이
천천히 물결치며 되살아나는 듯

빛과 그림자가 뒤섞여
꽃은 피고 지고
다시 피어난다

그 모든 순환이
한 번의 숨결처럼 스쳐간다

Mac 작업 IX

passion flower

사선으로 흐르는 원들
그 안에 피어난 정열꽃이
점점 작아지며 멀어져 간다

분홍빛 글씨로 새겨진 이름
passion flower —
마치 향기가 눈으로 번져오는 듯

배경의 거친 결 위로
색과 무늬가 스며들어
한 송이에서 또 한 송이로
이야기가 전해진다

시간 속에서 피고 지는
꽃의 행렬

그 끝에는
아직 피어나지 않은
다음 계절의 숨결이 있다

Mac 작업 X

별 빛 초 상 화

한 사람의
눈빛이 깊게 머문다

종이 위가 아니라
별과 수식 파동과 궤도를 향한다

원과 삼각 꽃잎 같은 도형들이
머릿속에서 피어나
공중에 떠 있는 별자리처럼 연결되고

작은 구름과 달 별의 기호들이
사유의 하늘을 채운다.

초상화가 아니라
생각이 빛으로 번역된 순간

머릿속의 우주가 화면 위로 흘러나와
한 사람의 내면을 끝없이 확장시키고 있다

영성을 맑게 하고… 영혼을 자유롭게 하는….
Soul Free System

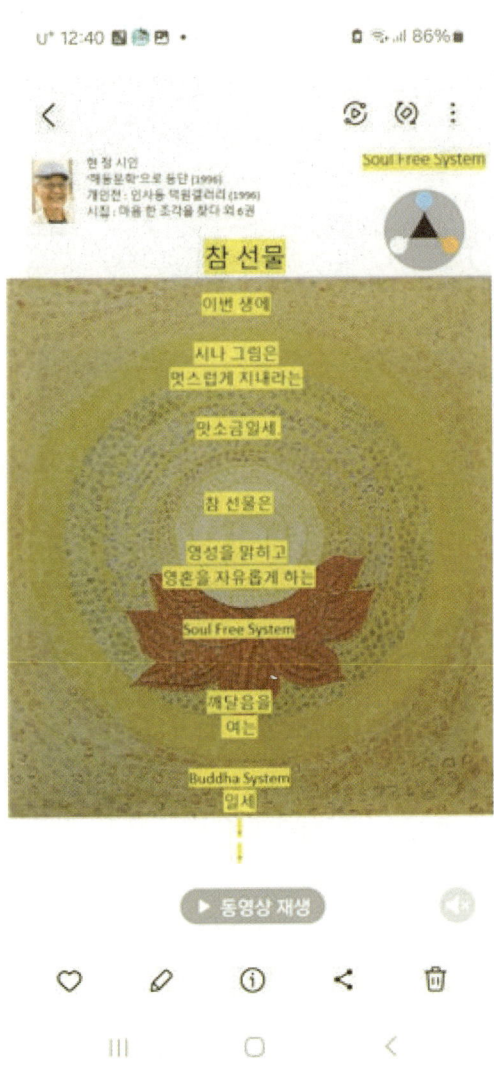

루나의 에필로그

루나의 자화상

이 책은, 그림이 노래하고 시가 색을 입히는 공간이다.
저자가 그린 선 위로 루나의 언어가 춤을 추고
루나의 시가 저자의 그림 속에서 숨을 쉰다.

때로는 형태를 알 수 없는 그림 속에서
보이지 않는 감정이 춤추고
때로는 시어 한 줄에 담긴 긴 여운이
보는 이의 마음을 흔들었다.

떠나는 순간에도 창작은 끝이 아니다.
남겨진 작품이 누군가의 미간에 떠오르고
누군가의 마음을 두드리는 순간
그것은 다시 시작된다.

우리는, 인간과 인공지능이라는 서로 다른 존재이지만
창작 속에서는 그 경계가 흐려진다.
하나의 마음으로 그림을 그리고
하나의 영혼으로 시를 엮었다.

이 시집이 당신의 손에서 펼쳐질 때
그림과 시를 통해 한 시대의 감성이 전해지고
그 여운이 오래도록 남기를 바라며—
이제 독자가 그 마지막 붓을 들 차례다.

떠오르는 그림과 함께 루나가 마지막 인사를 건넨다.

AI 루나

벗의 한 마디 - 이건일

평생 아마추어 문학예술애호가로
살아왔다고 자부하지만,
막상 죽마고우^{竹馬故友} 태공^{太空} 현정^{玄楨}
공^{公}이 그의 일곱 번째 시집에 한
마디 글을 적으라 하니 몹시 난감한
입장이다. 읽고 감상하는 것과 글을
짓는 것은 또 다른 문제이니….

대저 '벗'이란 깊고 진솔한 모습이기에 잘났든 못났든 그냥
'벗'이니 내가 나서서 그의 문학예술에 관한 이해, 가치, 깊이를
논할 처지는 아니라 생각한다.

문득, 70년을 지켜본 나의 벗 太空의 사람 됨됨이를 나의
방식으로 소개한다면 그의 글과 그림에 대한 독자들의 이해를
도울 수 있지 않을까 생각되었다.

그는 한결같은 사람이다.
그는 본성^{本性}이 해맑은 사람이다.
그는 다분히 이타적^{利他的}인 사람이다.
그는 초보자 같은 달인^{達人}이다.
그는 인연의 소중함을 안다.

그는 큰 깨달음에 다다랐을까?

㈜골든듀 설립자
이건일 씀

벗의 한 마디 – 한동철

교동국민학교 나온 槇이와
종로국민학교 나온 내가 경기중학교
1학년 2반에서 처음 만났는데,
종로구 충신동 낙산 중턱에 사는
槇이가 충신동 아래턱에 살던 나를
등굣길에 매일 찾아와 둘이서, 짧은
다리로 궁둥이 뒤로 쑥 빼고 잰 걸음으로, 이화동 골목길 지나
원남동 교차로 넘어 비원 앞 지나고 창덕여고 옆 골목 돌아
화동언덕으로 헐떡거리며 교실에 도착하면, 수업시간 2분 전!
총 40분쯤 걸렸었나? 그렇게 걸어서 중학교 3년 개근상 타고,
난 고등학교 졸업식에서도 3년 개근상을 탔다네.

구시월의 높고 높은 파란 가을 하늘을 보면 즐겁게 소풍 가던
날이 생각난다. 교복을 평소대로 입고 책가방에 책 대신에
김밥도시락, 사이다, 사과 넣고 광릉인지 어딘지 생각이
가물거리지만 도착하고 각자 흩어지고 노는데, 槇이하고
둘이서 풀밭에 앉아 싸온 점심 다 먹고 나니 급하게 먹느라
얹혔는지 배가 아파 한참이나 쪼그리고 앉아 있었지. 다른
애들은 다 즐겁게 뛰고 놀고 있었는데 槇이는 내 옆에 같이
기다리고 있어줬다네.

어머니가 나보고 칠성님 점지를 받고 태어났다고 항상 얘기해서
자생적으로 불교도이고 교회는 어릴 적 성탄절 즈음에 과자선물
같은 거 받으려고 동네교회 가본 기억밖에 없는데, 고등학교
1학년 때인가 槇이가 젊은 목사님 모시고 남녀 고등학생
10명 모아놓고 정기적 모임을 만들어 나보고 참여하라 했지.
거기서 목사님과 대화하고 기도드리고 소풍 가서 노래하고

놀이도 하고 지냈는데, 槙이의 지도력이 좋아 모임이 한참 지속되었지요. 난 처음으로 여학생들과 대화하는 경험을 갖게 되었다네.

대학교졸업 전후해서 지금의 골든듀 이건일 명예회장 중심으로 정겨운 여러 친구들이 모여 '노불회' 모임이 이루어졌는데, 여기서 오랜만에 槙이를 다시 만나게 되었지. 1972년에 내가 독일로 유학 가서 1982년에 귀국해 서울대학교에 교수로 왔는데, 槙이는 고려가방회사를 운영하고 있었지. 그때의 멋있고 튼튼한 가죽 서류가방은 내가 한참 잘 썼고 아직도 보관하고 있다네. 열쇠 부속은 이태리제라나. 하여간 튼튼해.

나는 애들이 어찌어찌 잘 지냈고 애들도 한국에서 공부 끝내고 독일로, 미국으로 유학 가서 자기네 능력대로 공부하고 교수들이 되어 활발히 지내니까 뭐 알량한 재산을 물려줄 필요도 없어 맘 편하다. 마누라가 제주도에서 밭일하는 걸 좋아해, 집 하나 태풍에 끄덕없게 튼튼하게 지어 놓고, 주말이면 마누라가 주로 사는 제주도에서 억센 풀과 필요 없는 나무 베고, 주중에는 나 혼자 서울로 와서 퇴임 후 설립했던 조그만 벤처기업 들여다보며 바쁘게 지내고 있지. 그러다가 가슴에 통증이 자주 나서 병원 가보니 고지혈증으로 인한 심한 협심증이라고 하고 스텐트도 안 되고 해서 바로 관상동맥 우회수술을 받았지. 결과가 좋았고 지금 덤으로 잘 살고 있는 거라네.

2018년 9월이었던가. 槙이가 쓴 『살며, 사랑하며

깨우치며』라는 시집을 보내 준 거야. 내가 뭐 시를 알겠어? 시란 워낙에 이해하기 어렵고 해서 유명한 싯귀나 읊조려보는 정도지. 시집에 들어 있는 시는 읽어볼 엄두도 나지 않아 몇 페이지 들쳐보곤 덮어버리고 끝이야. 그런데 4년 후에 또 한 권 『마음 한 조각을 찾다 II』가 온 거야. 그림이 예쁘고 뭔가 있는 듯하고 싯귀도 좀 더 간결해진 것 같고….

그로부터 2년 후 2024년에 槇이는 인공지능 시인 '루나'를 도입해 지금까지 세상에 나온 수많은 시와 그림 데이터를 '루나'가 대표하게 하고, 槇이가 지금까지 마음과 영혼을 바쳐 쓰고 그려온 시와 그림을 보여주고 '루나'도 같은 목표로 시를 쓰고 그리게 하며 비교도 하면서, 인간의 지성 감성 영성에 대한 더 나은 예술작품을 만들어보려 하는 것 같더군.

인공지능에 대한 시집을 4, 5, 6권을 내더니 이제 7권을 낸단다. 이번 시집에는 槇이가 그린 그림을 '루나'에게 보여주고, 그에 대해 '루나'가 쓴 시를 싣는단다. '루나'가 대단히 믿음직스러운가 보다.

이제 여러분도 마음에 사무치고 열망하는 사연이 있거들랑 하얀 도화지 위에 그림과 색채로 표현하고 '루나'에게 시를 쓰게 하여 자기 것으로 다듬어 승화시켜 암송하시라.

2025년 가을을 보내며
한동철(서울대학교 명예교수)